1학년 1학기

미리 보는
초등 국어
교과서

미리 보는 1학년 1학기
초등 국어 교과서

초판 1쇄 | 2016년 12월 26일

엮은이 | 김희진
그린이 | 차은실
펴낸이 | 조영진
디자인 | 인디나인

펴낸곳 | 고래가숨쉬는도서관
출판등록 | 제 406-2012-000082호
주소 | 경기도 파주시 회동길 329 (서패동) 2층
전화 | 031-955-9680~1 팩스 | 031-955-9682
홈페이지 | www.goraebook.com
이메일 | goraebook@naver.com
글 ⓒ 김희진 2016 | 그림 ⓒ 차은실 2016

ISBN 979-11-87427-14-8 64700
ISBN 979-11-87427-13-1 64700(세트)

품명 도서 | **전화번호** 031-955-9680 | **제조년월** 2016년 12월
제조국명 대한민국 | **제조자명** 고래가숨쉬는도서관
주소 경기도 파주시 회동길 329 2층 | **사용 연령** 7세 이상

＊KC마크는 이 제품이 공통안전기준에 적합하였음을 의미합니다.

1학년 1학기

미리 보는
초등 국어
교과서

엮은이 **김희진** | 그린이 **차은실**

고래가
숨 쉬는
도서관

미리 보는 초등 국어 교과서를 읽기 전에

우리는 왜 국어 공부를 해야 될까요? 한국인으로서 소통하고, 사고하는 데 큰 역할을 하는 것이 국어입니다. 국어는 우리의 말과 글, 우리 문화를 배우는 중요한 과목입니다. 또한 국어는 내 생각과 다른 사람의 생각을 표현하는 데 가장 편리하고 효과적인 수단입니다. 그리고 다른 과목을 공부하는 데 도움을 주는 과목이기도 합니다.

학교에서 국어를 배우게 된 어린이들은 국어가 시시하다고 생각하기도 합니다. 하지만 어떤 어린이들은 어렵다고 생각하기도 합니다. 그렇다면 국어 공부가 어렵다고 생각하는 친구들은 어떻게 공부해야 할까요? 아마 교과서에 있는 내용을 미리 접해 볼 수 있다면 학교 공부에 대해 자신감을 가질 수 있을 것입니다.

사람의 말은 서로 표현하고 대화하려는 노력 속에서 생겨났습니다. 그런데 말로 하다 보니 약속된 상징, 도구의 필요성이 생겨서 글이 만들어졌답니다. 세종대왕이 나라를 다스리기 전까지 우리나라 사람들은 중국의 한자를 썼습니다. 그런데 쓰는 글이 너무 많고 어려워서 공부를 많이 한 분들도 다 이해하지 못했답니다. 그래서 세종대왕이 사람의 입 모양을 살펴보고 사람들이 살아가는 원리를 적용한 쉽고 과학적인 글자를 만들었습니다. 그것이 우리의 글인 한글입니다.

이렇게 오랜 역사를 가진 한글을 바탕으로 한 국어 공부를 시작하기 전에 국어에 대한 관심과 자신감을 얻을 수 있는 방법은 없을까요? 이런 어린이들의 마음을 살펴서 만든 것이 바로 『미리 보는 초등 국어 교과서』입니다.

이 책은 2017년 새 국어 교과서의 내용을 충실히 반영하였습니다. 국어 교과서는 학기별로 『국어』 2권, 『국어 활동』 1권으로 구성되어 있습니다. 이 책은 『국어』 가 권, 나 권, 그리고 보조 교과서인 『국어 활동』의 내용을 한 권에 모두 담았습니다. 학습 현장에서 공부하는 교과서의 구성에 따라 만들었으므로 교과서의 흐름을 미리 살펴볼 수 있습니다.

『미리 보는 초등 국어 교과서』에는 국어 교과서에 있는 흥미로운 이야기와 언어 사용 영역(듣기 · 말하기 · 읽기 · 쓰기) 그리고 현직 초등학교 선생님이 들려주는 도움말과 친근한 그림들이 담겨 있습니다. 어린이들이 이해하기 쉬운 말과 그림으로 구성되어 있어 읽는 내내 즐겁고, 머릿속에도 쏙쏙 들어옵니다. 재미있게 읽어 나가고, 흥미로운 질문과 놀이 활동에 대답을 하다 보면 자신도 모르게 국어 실력이 쑥쑥 자라는 것을 느낄 수 있을 것입니다.

이 책은 교과서 집필과 검토에 참여한 현직 초등학교 교사들이 직접 쓴 책입니다. 교과서의 내용을 충실히 따르면서 학생들이 국어 과목에 관심과 흥미를 느낄 수 있도록 연구하며 이 책을 썼습니다. 『미리 보는 초등 국어 교과서』를 통해 여러분이 국어에 대해 새로운 깨달음을 얻고 국어 과목이 가진 재미를 깨닫기를 기대합니다.

김희진, 이현

차 례

이 책의 특징

- 2017년 개정 교과서의 내용을 충실히 반영하였습니다.
- 학교 현장에서 공부하는 교과서의 구성에 따라 만들었습니다.
- 교과서의 구성에 맞게 교과서의 흐름을 미리 살펴볼 수 있도록 하였습니다.
- 캐릭터들이 학습 도우미로 나와 공부하면서 궁금한 점을 같이 해결할 수 있습니다.
- 학생들이 자기 스스로 학습 활동을 해 보며 자기 주도 학습이 가능하도록 구성하였습니다.

이 책의 구성과 활용

준비하기

단원 학습을 위한 준비 활동을 하고 학습 계획을 세웁니다.

기본 학습

단원에서 배워야 할 내용을 익히고 연습합니다.

실천 학습

단원에서 배운 내용을 새로운 상황에 적용하고, 단원 학습 내용을 정리합니다.

국어 활동

국어 수업 시간에 활용하거나 집에서 공부할 때 활용할 수 있습니다.

정리하기

단원 전체 학습에 대해 정리하고 생활 속에서 실천할 수 있는 방안을 생각해 봅니다.

학습 도우미

공부하면서 궁금한 점이 생기면 선생님, 염소, 강아지 친구, 토끼 친구들의 이야기를 잘 들으며 공부할 내용을 점검하고 도움을 받을 수 있습니다. 또한 친근하게 공부를 할 수 있어 학생들의 흥미와 재미를 유발하게 합니다.

학습 목표   바른 자세로 낱말을 읽고 써 보세요.

배울 거리   바른 자세 익히기

🌸 이렇게 배워요

듣는 자세를 바르게 하여 들으면 말하는 사람이 알려 주고자 하는 내용을 더 정확하게 이해할 수 있어요.

🌸 선생님과 함께 미리 보는 국어책

일곱 명의 친구들이 교실에서 선생님과 즐겁게 수업을 하고 있어요. 듣는 자세가 바른지 살펴보세요.

선생님 말씀을 잘 이해하려면 바른 자세로 들어야겠죠?
선생님 말씀을 바른 자세로 듣는 학생을 찾았나요?
바로 2번, 5번 친구랍니다.

듣는 자세가 바른 두 친구의 모습을 살펴보고
공통점을 찾아볼까요?

 바른 듣기 자세는 어떤 모양일지 시선, 손, 발, 허리 등을 자세히 살펴보아요.

바른 자세에 대해 알려 줄게요.
자신의 자세가 바른지 살펴보세요.

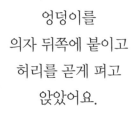

바르게 앉아서
선생님을
바라보아요.

엉덩이를
의자 뒤쪽에 붙이고
허리를 곧게 펴고
앉았어요.

두 발을 모아서
바닥에 닿도록
했어요.

기본 학습

 배울 거리　바르게 읽는 자세 익히기

 이렇게 읽어요

삐뚤이 대나무를 보며, 책을 읽을 때는 어떻게 해야 할지 생각해 보세요.

선생님과 함께 미리 보는 국어책

책 읽는 대나무

옛날 아주 먼 옛날에 바른 대나무와 삐뚤이 대나무가 책을 읽고 있었어요. 바른 대나무는 바른 자세로 책을 읽었어요. 그래서 똑바로 바르게 자랐어요. 그래서 높은 곳에 있는 책도 잘 읽을 수 있었어요. 그래서 다른 대나무들이 바른 대나무를 칭찬했어요.

그런데 삐뚤이 대나무는 어려서부터 몸을 바른 자세로 하지 않고 글을 읽었어요. 그러자 몸이 옆으로 굽어지기 시작했어요. 그래서 높은 곳에 있는 책을 읽을 수가 없었어요. 삐뚤이 대나무는 후회를 했지만 휘어진 대나무는 다시 펴지지 않았어요.

삐뚤이 대나무는 왜 몸이 옆으로 굽어져서 높은 곳에 있는 책을 읽을 수 없었을까요?

 삐뚤이 대나무는 어려서부터 몸을 바른 자세로 하지 않고 글을 읽어서 몸이 굽은 채로 자라게 되었어요.

 삐뚤이 대나무를 보며 깨달은 점은 무엇인가요?

 글이나 책을 읽을 때는 바른 대나무처럼 바른 자세로 글을 읽어야 해요.

배울 거리 소리 내어 낱말 따라 읽기

 이렇게 읽어요

낱말을 정확하게 읽으면 듣는 사람들에게 바르게 전달할 수 있어요.

그림 속에 나오는 낱말을 따라 읽어 보세요.

나
너
우리

친구
선생님

선생님의 입 모양을 보고
그대로 따라해 보며 읽어 보세요.

글자를 소리 내어 읽고, 같은 글자를 선으로 이어 보세요.

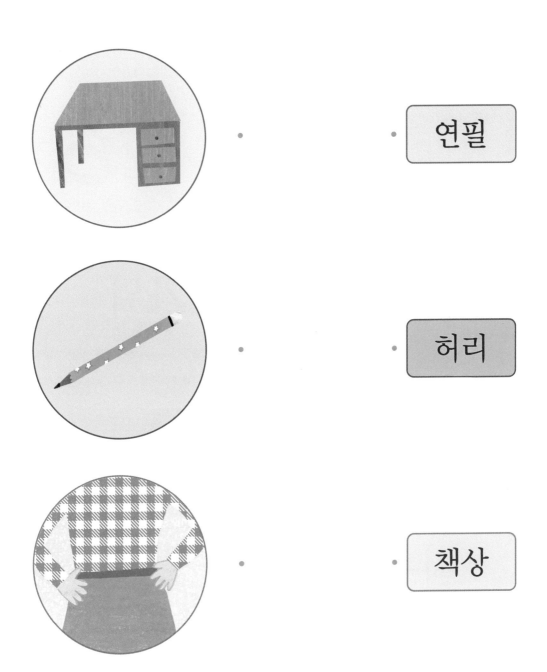

연필

허리

책상

다음 글자를 바른 자세로 앉아서 소리 내어 읽어 보세요.

연필

가위

지우개

색종이

기본 학습

배울 거리   바르게 쓰는 자세 익히기

 이렇게 배워요

글씨를 쓸 때에는 바른 자세로 써야 몸이 불편하지 않게 바른 글씨를 쓸 수 있어요. 친구들의 모습을 보며 글씨를 쓰는 바른 자세에 대해 생각해 보세요.

 쓰는 자세가 바른 친구를 한 명 찾아보세요.

쓰는 자세가 바른 친구는 누구인가요? 왜 그렇게 생각했나요?

다른 친구들은 왜 바른 자세가 아닌지 생각해 보세요.

고개를 삐뚤게 했어요.
다리를 가지런하게 두지 않았어요.
허리를 곧게 펴지 않았어요.

턱을 괴고 글씨를 써요.
공책과 눈의 거리가 가까워요.
다리를 가지런하게 두지 않았어요.

턱을 괴고 글씨를 써요.
다리를 가지런하게 두지 않았어요.
글씨를 쓰지 않는 손으로 공책을 누르지 않았어요.

바른 쓰기 자세를 살펴보아요.

바른 쓰기 자세를 한 친구의 모습을 보며,
바른 쓰기 자세는 무엇인지 생각해 보세요.
특히, 허리, 다리, 공책, 고개, 턱 부분을
자세히 살펴보세요!

바른 쓰기 자세를 알아볼까요?

🌼 **허리**를 곧게 펴요.

🌼 **다리**를 가지런히 모으고 앉아요.

🌼 **공책**을 책상 위에 바르게 놓아요.

🌼 **공책**과 **눈**의 거리를 너무 가깝게 하지 않아요.

🌼 **고개**를 너무 많이 숙이지 않아요.

🌼 **턱**을 괴지 않아요.

연필을 바르게 잡은 모습을 찾아보세요.

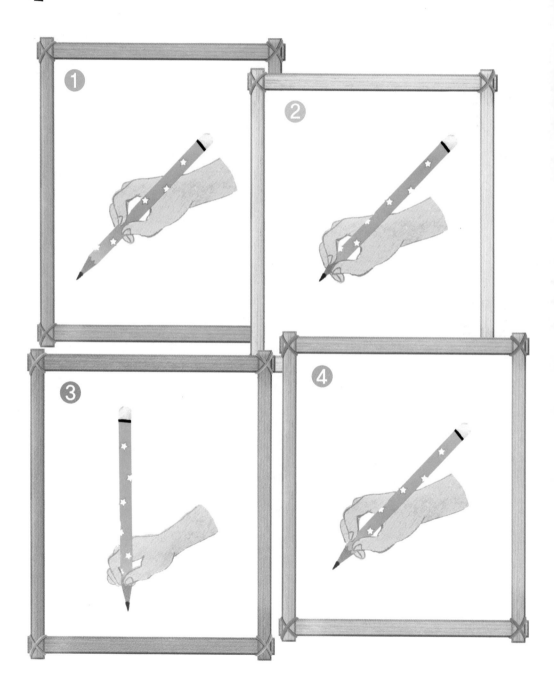

연필을 바르게 잡은 모습은 어느 것인가요?

 다른 모습들은 어디가 잘못되었는지 찾아보세요.

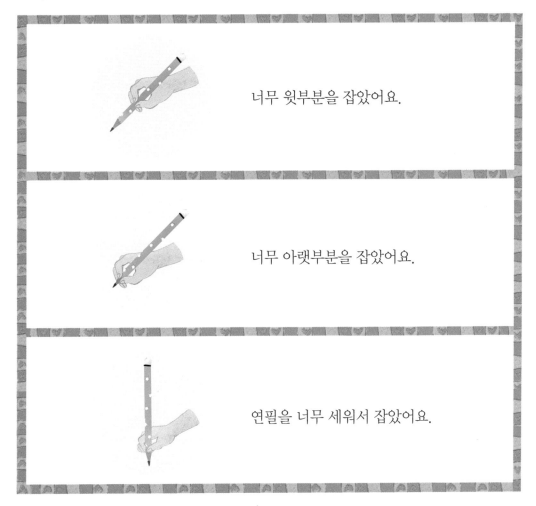

너무 윗부분을 잡았어요.

너무 아랫부분을 잡았어요.

연필을 너무 세워서 잡았어요.

연필을 바르게 잡는 방법을 알아보아요.

연필을 잡을 때 두 번째 집게손가락에 힘을 많이 주거나
너무 세게 눌러서 글씨를 쓰는 친구가 많아요.
연필을 바르게 잡기 위해서는 연필을 잡은 엄지손가락과
집게손가락이 만든 모양이 둥근 모양이 되어야 해요.

연필을 바르게 잡는 방법을 알아볼까요?

✿ 연필의 아랫부분을 잡아요.

✿ 연필심에서 약간 위로 올라간 부분을 잡아요.

✿ 연필을 너무 세우거나 눕히지 않아요.

✿ 첫째 손가락과 둘째 손가락의 모양을
둥글게 하여 연필을 잡아요.

낱말을 소리 내어 읽고 따라 써 보세요.

선생님과 친구의 이름을 써 보세요.

선생님

교실에 있는 친구

동네에 사는
친구

되돌아보기 바른 자세로 낱말을 따라 써 보기

 이렇게 읽어요

1단원에서는 바른 자세로 듣고, 낱말을 읽으며, 낱말을 따라 쓰는 것에 대해 배웠어요. 배운 내용을 생각하며 공부할 때 바른 자세로 앉아 보세요.

바른 자세로 낱말을 따라 써 보세요.

 집에서 공부할 때 바른 자세로 앉아 보세요.

학습 목표 자음자를 알아보세요.

배울 거리 자음자의 모양 알기

이렇게 배워요

우리 주위에서 볼 수 있는 물건 그림에 자음자가 숨어 있어요.
그림 속에 숨어 있는 자음자의 모양을 찾아 색칠해 보세요.

각 자음자가 어떤 물건에 그려져 있었나요? ㄱ, ㄴ, ㄷ, ㅁ, ㅂ, ㅇ을 찾아보세요.

✿ 선생님 책상에 [ ]과 [ ]이 있어요.

✿ 텔레비전에 [ ]이 있어요.

✿ 시간표에 [ ]이 있어요.

✿ 학생 의자에 [ ]이 있어요.

✿ 시계에 [ ]이 있어요.

교실에 있는 물건과 자음자 모양이
어떤 점이 비슷한지 생각해 보며,
자음자를 찾아보세요.

✿ 선생님과 함께 미리 보는 국어책

자음자가 모두 몇 개인지 세어 보세요.

ㄱ, ㄴ, ㄷ, ㄹ, ㅁ, ㅂ, ㅅ, ㅇ, ㅈ, ㅊ, ㅋ, ㅌ, ㅍ, ㅎ

자음자는 모두 [ ]개입니다.

올바른 자음자 모양을 찾아 ○표 하고, 모양이 올바르지 않은 것은 그 옆에 올바른
모양으로 써 보세요.

자음자 14개의 모양을 떠올려 보고,
올바른 모양과 그렇지 않은 모양을 찾아보세요.

배울 거리   자음자의 이름 알기

 이렇게 읽어요

14개 자음자의 모양을 살펴보았어요, 자음자는 저마다 이름을 가지고 있어요. 자음자는 어떤 이름을 가지고 있는지 알아볼까요?

🌳 **자음자의 이름을 알아보세요.**

ㄱ	ㄴ	ㄷ	ㄹ
기역	니은	디귿	리을

ㅁ	ㅂ	ㅅ	ㅇ
미음	비읍	시옷	이응

ㅈ	ㅊ	ㅋ	ㅌ
지읒	치읓	키읔	티읕

ㅍ	ㅎ
피읖	히읗

자음자의 이름을 살펴보면,
자음자의 받침이 자음자 모양과
같다는 것을 알 수 있어요.

자음자와 이름을 선으로 이어 보세요

ㄹ

ㄱ

ㅍ

ㅈ

ㅂ

기역

지읒

비읍

리을

피읖

배울 거리 　자음자 읽기

 이렇게 읽어요

자음자의 이름을 익혔어요. 그렇다면 이제 'ㄱ'부터 'ㅎ'까지 14개의 자음자는 어떤 소리를 내는지 알아보고, 정확하게 소리 내어 읽어 볼까요?

 자음자의 소리를 알아보세요.

> 'ㅈ'과 'ㅊ'은 어떤 소리가 날지
> 생각해 보고, 소리 내어 읽어 보세요.
> 자음자의 소리를 찾아 익혀 보세요.

소리의 차이를 알아보세요.

‘ㄱ’, ‘ㅋ’, ‘ㄹ’, ‘ㅅ’은 어떤 소리가 날까요?

가

카

라

사

첫 자음자의 소리를 생각하면서 낱말을 읽어 보세요.

✿ 가지는 어떤 자음자로 시작하나요? ☐

✿ 나무딸기는 어떤 자음자로 시작하나요? ☐

✿ 도토리는 어떤 자음자로 시작하나요? ☐

✿ 레몬은 어떤 자음자로 시작하나요? ☐

✿ 복숭아는 어떤 자음자로 시작하나요?

✿ 사과는 어떤 자음자로 시작하나요?

✿ 참외는 어떤 자음자로 시작하나요?

✿ 포도는 어떤 자음자로 시작하나요?

배울 거리   **자음자 쓰기**

 이렇게 읽어요

자음자를 쓸 때 쓰는 순서가 정해져 있어요. 자음자 쓰는 순서를 익혀서 바르게 써 보세요.

'기린, 가로등, 과자, 낫' 그림이 나왔네요.
그림들은 어떤 자음자를 닮았는지 써 보세요.

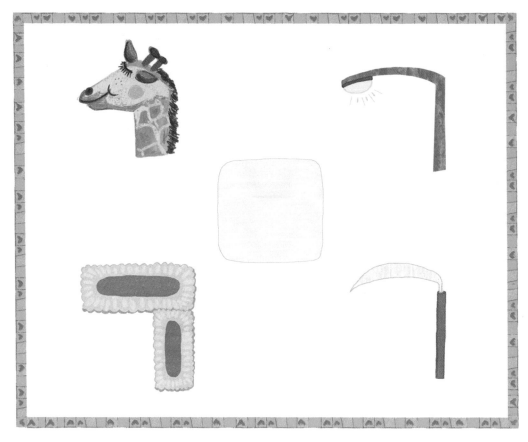

'**ㄱ**'부터 '**ㅎ**'까지 써 보세요.

 글자의 작은 번호가 보이죠?
순서대로 연필로 써 보세요.

기역	니은	디귿	리을	미음	비읍	시옷
ㄱ	ㄴ	ㄷ	ㄹ	ㅁ	ㅂ	ㅅ
ㄱ	ㄴ	ㄷ	ㄹ	ㅁ	ㅂ	ㅅ

이응	지읒	치읓	키읔	티읕	피읖	히읗
ㅇ	ㅈ	ㅊ	ㅋ	ㅌ	ㅍ	ㅎ
ㅇ	ㅈ	ㅊ	ㅋ	ㅌ	ㅍ	ㅎ

자음자를 따라 써 보세요.

모 자　저 고 리

바 지　치 마

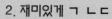

 아래 자음자를 따라 써 보고 그 자음자가 있는 낱말을 찾아 색칠해 보세요. 그리고
색칠한 부분에 나타나는 자음자의 이름을 말해 보세요.

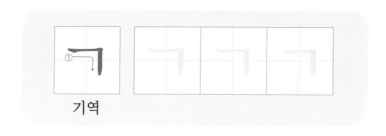

기역

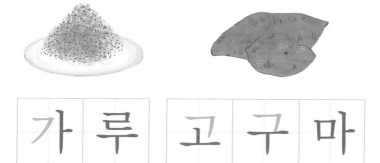

가 루 고 구 마

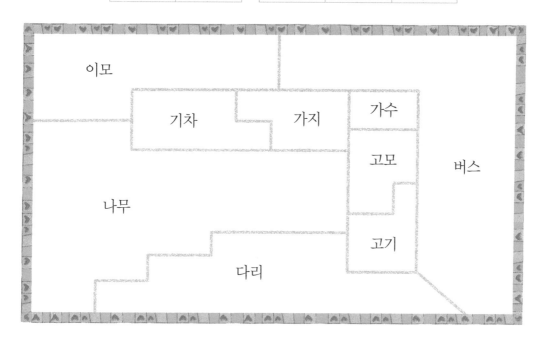

아래 자음자를 따라 써 보고 그 자음자가 있는 낱말을 찾아 색칠해 보세요. 그리고
색칠한 부분에 나타나는 자음자의 이름을 말해 보세요.

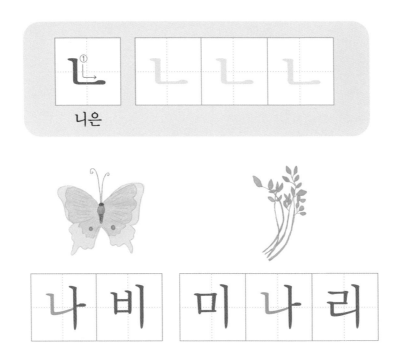

ㄴ
니은

나비   미나리

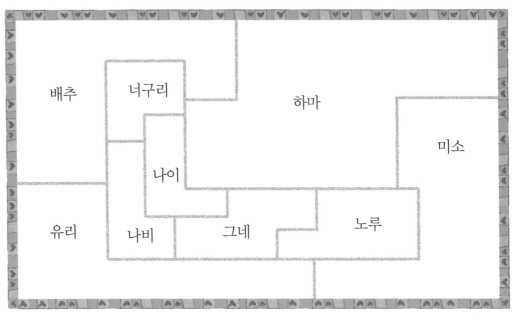

배추   너구리   하마

                              미소

        나이

유리   나비   그네   노루

아래 자음자를 따라 써 보고 그 자음자가 있는 낱말을 찾아 색칠해 보세요. 그리고 색칠한 부분에 나타나는 자음자의 이름을 말해 보세요.

디귿

다 리 미 도 자 기

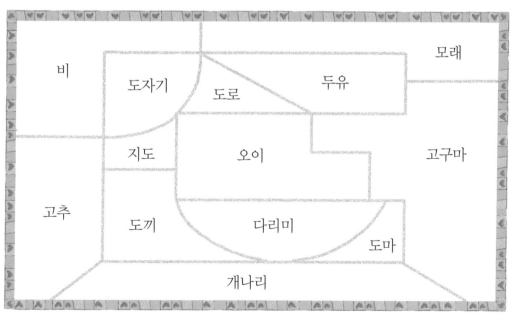

모래

비

도자기   도로   두유

지도   오이   고구마

고추   도끼   다리미   도마

개나리

귓속말하기 놀이를 해 보세요.

놀이방법

❶ 선생님이 자음자 카드 중에 하나를 고릅니다.

❷ 교실에서 맨 앞줄에 있는 학생들만 나와서 선생님이 고른 자음자 카드를 봅니다. (예) 자음자 'ㅅ'

❸ 앞줄에 있는 학생들이 자신의 자리로 가서 앉습니다.

❹ 선생님이 신호를 주면 동시에 뒷사람에게 귓속말로 자음자 이름을 말합니다.

❺ 맨 뒷사람이 자음자를 듣고 선생님 자리에 있는 종이에 자음자를 써서 선생님에게 냅니다.

❻ 가장 먼저 나와 자음자를 바르게 쓴 모둠이 이깁니다.

❼ 학생들이 자음자를 쓴 종이를 모두 칠판에 붙입니다.

❽ 놀이가 끝나면 모두 함께 놀이의 답이 되는 자음자의 이름을 말하고 허공에 써 봅니다.

귓속말을 할 때 다른 팀이 듣지 못하게
작게 말하지만 정확하게
자음자 이름을 말해 주어야 해요.

되돌아보기   자음자와 이름을 선으로 잇고 써 보기

🌼 이렇게 읽어요

2단원에서는 자음자의 모양을 알고, 이름을 익히며 자음자를 바르게 읽고 쓰는 것을 배웠어요. 자신의 이름과 같은 자음자가 들어 있는 물건을 주변에서 찾아보며, 자음자를 익혀 보세요.

🌳 자음자와 이름을 선으로 잇고 써 보세요.

ㄱ ·	· 시옷 ·	· ㄴ
ㄹ ·	· 기역 ·	· ㅊ
ㅊ ·	· 리을 ·	· ㅌ
ㅌ ·	· 티읕 ·	· ㄱ
ㄴ ·	· 니은 ·	· ㅅ
ㅅ ·	· 치읓 ·	· ㄹ

자신의 이름에 있는 자음자와 같은 자음자가 들어 있는 물건을 주변에서 찾아서 그려 보세요.

자신의 이름

학습 목표 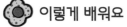 모음자를 알아보세요.

배울 거리 모음자의 모양 알기

이렇게 배워요

즐겁게 놀고 있는 동물 그림에
여러 가지 모음자가 숨어 있어요.
그림에서 모음자 모양을 찾아보세요.

그림에서 찾은 모음자를 써 보세요.

모음자는 모두 ☐ 개입니다.

 모음자를 잘 찾았나요?
모음자가 모두 몇 개인지 세어 보세요.

ㅏ , ㅑ , ㅓ , ㅕ , ㅗ , ㅛ , ㅜ , ㅠ , ㅡ , ㅣ
아 야 어 여 오 요 우 유 으 이

 주변의 물건을 이용해서 만든 모음자 모양을 써 보세요.

 연필, 지우개를 이용하여 긴 연필은 긴 선,
지우개는 짧은 선으로 표시하여
모음자의 모양을 만들어 보세요.

읽어 두면 도움 되는 유익한 정보

모음자는 긴 세로선(ㅣ)이나
가로선 (ㅡ)이 짧은 선을 만나 이루어지지요.

◎ 모음자 ㅏ, ㅓ, ㅗ, ㅜ, ㅡ, ㅣ 가 만들어진 과정 이해하기

– 세로선(ㅣ)이 짧은 선을 만나 'ㅏ'가 됩니다.

– 짧은 선이 세로선(ㅣ)을 만나 'ㅓ'가 됩니다.

– 짧은 선과 가로선(ㅡ)이 만나 'ㅗ'가 됩니다.

– 가로선(ㅡ)과 짧은 선이 만나 'ㅜ'가 됩니다.

– 가로선(ㅡ)은 모음자 'ㅡ'와 같습니다.

– 세로선(ㅣ)은 모음자 'ㅣ'와 같습니다.

◎ 모음자 ㅑ, ㅕ, ㅛ, ㅠ 가 만들어진 과정 이해하기

– 세로선(ㅣ)이 두 개의 짧은 선과 만나 'ㅑ'가 됩니다.

– 두 개의 짧은 선이 세로선(ㅣ)과 만나 'ㅕ'가 됩니다.

– 두 개의 짧은 선과 가로선(ㅡ)이 만나 'ㅛ'가 됩니다.

– 가로선(ㅡ)과 두 개의 짧은 선이 만나 'ㅠ'가 됩니다.

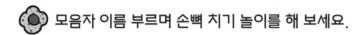
배울 거리   모음자의 이름 알기

모음자 이름 부르며 손뼉 치기 놀이를 해 보세요.

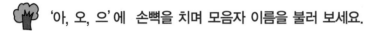
'아, 오, 으'에 손뼉을 치며 모음자 이름을 불러 보세요.

'아, 어, 오, 우, 으'에 손뼉을 치며 모음자 이름을 불러 보세요.

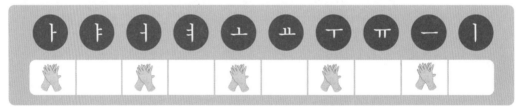

'야, 여, 요, 유, 이'에 손뼉을 치며 모음자 이름을 불러 보세요.

한 자 한 자 모든 모음자에 손뼉을 치며 모음자 이름을 불러 보세요.

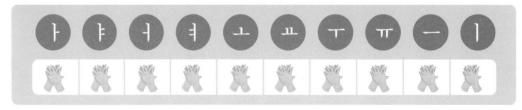

몸으로 모음자 모양을 만들어 보세요.

혼자서 모음자 모양 만들기

❶ 누워서 한쪽 다리만 들어서 'ㅗ'를 만들어 보세요.

❷ 일어서서 두 팔을 한쪽 방향으로 뻗으면 'ㅑ' 모양을 만들 수 있어요.

친구와 모음자 모양 만들기

친구와 겹쳐서 반듯하게 선 다음에 손을 들어 'ㅑ'를 만들어 보세요.

모음자의 이름을 선으로 이어 보세요.

 선 긋기 놀이를 하며
모음자와 모음자의 이름을 찾아
연결하여 보세요.

ㅏ	유	ㅣ
ㅓ	이	ㅡ
ㅣ	요	ㅓ
ㅛ	으	ㅠ
ㅠ	어	ㅏ
ㅡ	아	ㅛ

배울 거리 ⠀⠀모음자 찾기

🌳 모음 외치기 놀이를 해 보세요.

놀이방법

❶ 여러 명의 친구가 나와서 동시에 모음을 외칩니다.

❷ 앉아 있는 친구들은 모음을 외치는 친구들의 입 모양을 잘 살펴봅니다.

❸ 입 모양을 살피면서 어떤 모음이 들리는지 주의 깊게 들어 봅니다.

❹ 누가 어떤 모음자를 외쳤는지 알아맞힙니다.

배울 거리   모음자 읽기

오이

무

고구마

파

도라지

가지

그림을 보고 물음에 답해 보세요.

1. 가족들이 간 장소는 어디인가요?

2. 어떤 물건을 팔고 있나요?

3. 다음 물건들의 이름을 입을 크게 벌리며 말해 보세요.

무, 파, 오이, 가지, 도라지, 고구마

4. 시장에 가서 사고 싶은 물건을 써 보세요.

무, 파, 오이, 가지, 도라지, 고구마에 있는
모음자를 찾아보세요.

모음자를 생각하며 글자를 읽어 보세요.

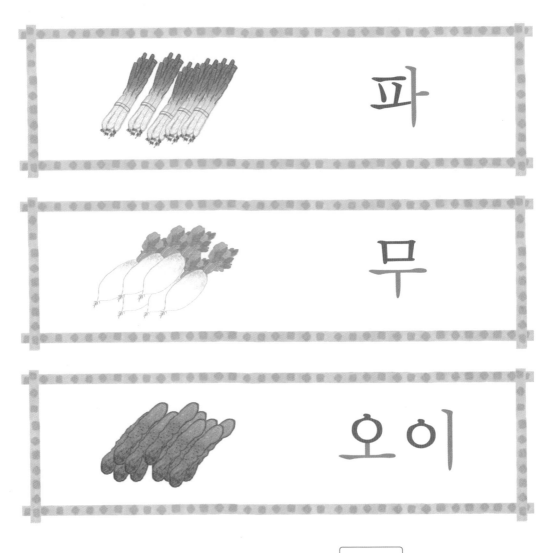

파

무

오이

◎ '파' 에는 어떤 모음자가 들어가 있나요?

◎ '무' 에는 어떤 모음자가 들어가 있나요?

◎ '오이' 에는 어떤 모음자가 들어가 있나요?

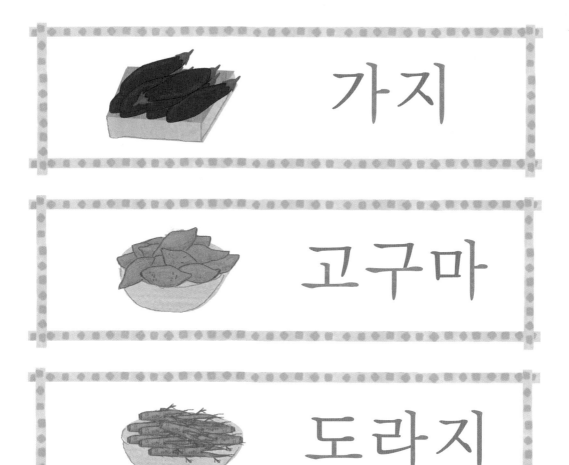

가지

고구마

도라지

◎ '가지'에는 어떤 모음자가 들어가 있나요?

◎ '고구마'에는 어떤 모음자가 들어가 있나요?

◎ '도라지'에는 어떤 모음자가 들어가 있나요?

같은 모음자 찾기 놀이를 해 보세요.

 'ㅏ'가 들어간 낱말에는 무엇이 있을까요?
(아기, 아버지, 아이, 바다)
'ㅣ'가 들어간 낱말에는 무엇이 있을까요?
(이름, 기름, 비누, 치약)

놀이방법

◎ 준비물: 모음자 카드, 낱말 카드

❶ 선생님이 모음자 카드를 한 장 고릅니다.

❷ 학생은 낱말 카드 한 장을 고릅니다.

❸ '하나, 둘, 셋' 하면 자신이 고른 낱말 카드를 내려놓으며 낱말을 외쳐 봅니다.

❹ 학생이 고른 낱말 카드에 선생님이 고른 모음자 카드의 모음자가 쓰였는지 확인해 봅니다.

❺ 내용을 표에 적고 선생님과 마음이 몇 번이나 통했는지 세어 봅니다.

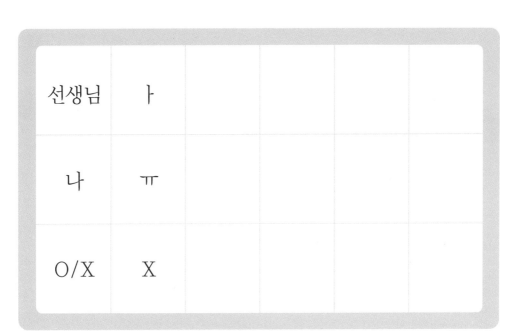

선생님	ㅏ			
나	ㅠ			
O/X	X			

배울 거리　　모음자 쓰기

이렇게 배워요

모음자를 쓸 때 쓰는 순서가 정해져 있어요. 모음자 쓰는 순서를 익히고 순서에 맞게 12개의 모음자를 바르게 써 보세요.

글자의 작은 번호가 보이죠?
순서대로 써 보세요. 먼저 손가락으로 써 보며
연습하고, 연필로 실제로 써 보세요.

모음자를 순서를 살펴보고 손가락으로 써 보세요.

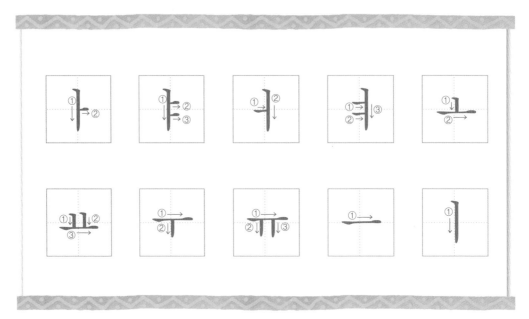

'ㅏ'부터 'ㅣ'까지 써 보세요.

친구와 함께 모음자 쓰기 놀이를 해 보세요.

 놀이방법

❶ 친구와 가위바위보를 합니다.

❷ 이긴 사람이 놀이판의 점을 연결해 모음자의 한 획을 그어 봅니다.

❸ 계속해서 친구와 가위바위보를 하며 모음자의 획을 긋습니다.

❹ 'ㅏ'부터 'ㅣ'까지 모음자를 먼저 완성하는 친구가 이깁니다.

> 선생님과 학생의 대결로 놀이를 할 수도 있어요.
> 학생들이 순서대로 한 명씩 선생님과
> 가위바위보를 하며 모음자의 한 획씩 긋는 거예요.
> 이때 칠판을 활용하면 학생들이 모음자 쓰기가
> 진행되는 과정을 함께 눈으로 확인할 수 있어요.

> 친구 이름이나 사물 이름에 어떤 모음자가
> 들어가 있는지 찾아보아도 좋아요.

모음자를 바르게 따라 써 보세요.

ㅏ

가 구   사 다 리

ㅕ

연   경 찰

우 비　수 박

이 불　신 발

웃음소리에 들어 있는 모음자를 찾아 보세요.

◎ 가족의 웃음소리에는 어떤 모음자가 들어 있나요?
모음자에 따라 웃음소리와 그 느낌이 어떻게 달라지는지 생각해 보세요.

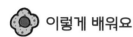 물건의 이름에 들어 있는 모음자를 알아보기

이렇게 배워요

3단원에서는 모음자를 읽고 쓰는 것을 익혀 모음자를 활용한 여러 가지 놀이
에 참여하는 것을 배웠어요.

물건의 이름에 있는 모음자를 알아보세요.

물건의 이름	모음자

자신이 공부하는 교과서의 이름에서 모음자를 찾아보세요.

식탁에 올라와 있는 음식에서 모음자를 찾아보세요.

학습 목표   글자를 읽고 써 보세요.

배울 거리   글자에서 자음자와 모음자 찾기

 이렇게 배워요

글자를 살펴보면 자음자와 모음자로 나눌 수 있어요. 노랫말의 글자를 살펴보며 자음자와 모음자를 찾아보세요.

선생님과 함께 미리 보는 국어책

아이들이 「우리 모두 다 같이」라는 노래를 부르며 춤을 추고 있어요. 노랫말에서 '우리'와 '모두'라는 말을 찾아 동그라미 하세요.

우리 모두 다 같이

우리 모두 다 같이 손뼉을
우리 모두 다 같이 손뼉을
우리 모두 다 같이
즐겁게 노래해
우리 모두 다 같이 손뼉을

자음자에는 'ㄱ, ㄴ, ㄷ, ㄹ, ㅁ, ㅂ, ㅅ,
ㅇ, ㅈ, ㅊ, ㅋ, ㅌ, ㅍ, ㅎ'이 있어요.
모음자에는 'ㅏ, ㅑ, ㅓ, ㅕ, ㅗ, ㅛ, ㅜ, ㅠ, ㅡ, ㅣ'가 있어요.

「우리 모두 다 같이」에서 받침이 없는 글자를 찾아보세요.

글자에서 자음자와 모음자를 말해 보세요.

글자는 자음자와 모음자로 만들어져요.
글자를 하나하나 살펴보고, 글자를 이루고 있는
자음자, 모음자를 구분해 보세요.

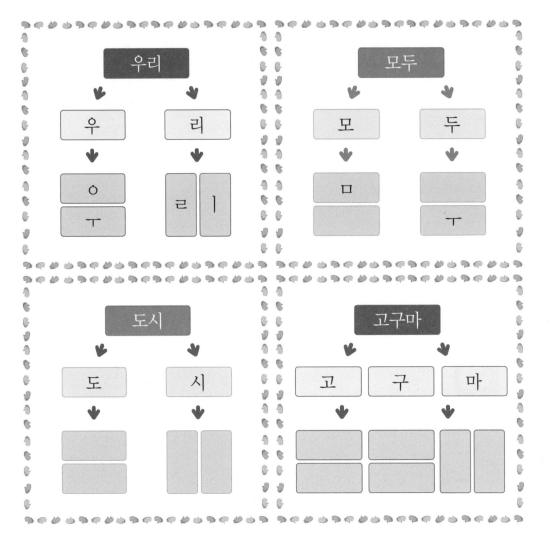

배울 거리　글자의 짜임 알기

 이렇게 배워요

자음자와 모음자를 이용하여 글자를 만들 수 있어요. 낱자를 활용하여 여러 가지 글자를 만들어 보세요.

다음 네 개의 카드로 만들 수 있는 받침 없는 글자를 만들어 보세요.

자음자 나무와 모음자 나무를 이용하여 낱말을 써 보세요.

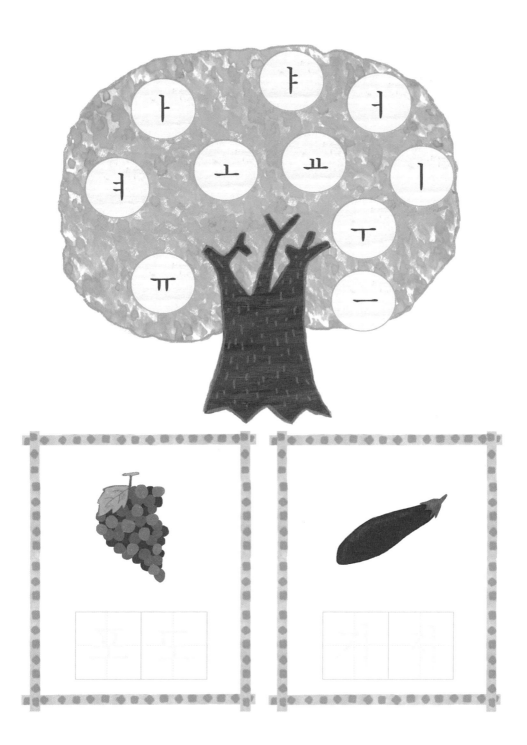

같은 자리에 놓인 모음자에 대해 알아보세요.

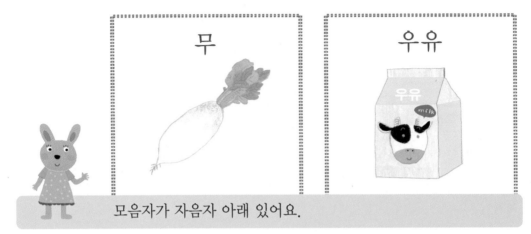

무

우유

모음자가 자음자 아래 있어요.

바다

모음자가 모두 자음자 오른쪽에 있어요.

가수

모음자가 자음자 오른쪽, 아래쪽에 있어요.

바르게 색칠해 보세요.

 보기 처럼 모음자가 서로 다른 곳에 있는 낱말을 찾아 ○표를 해 보세요.

글자를 만들어 보세요.

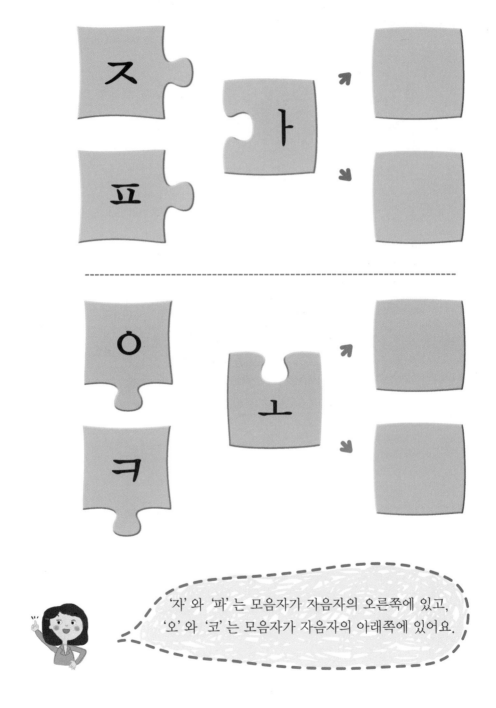

'자'와 '파'는 모음자가 자음자의 오른쪽에 있고,
'오'와 '코'는 모음자가 자음자의 아래쪽에 있어요.

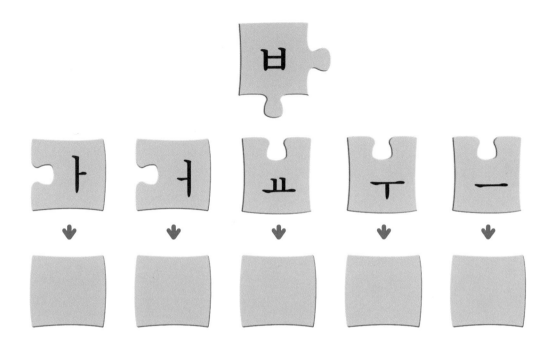

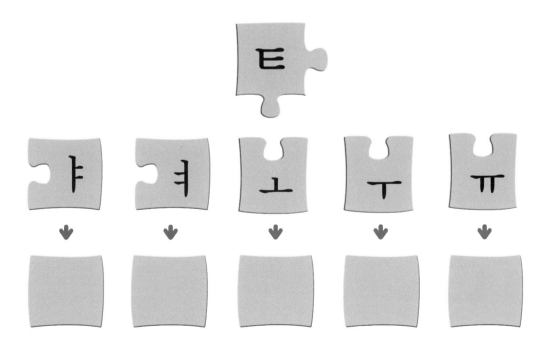

배울 거리 글자 읽고 쓰기

 이렇게 배워요

재미있는 활동을 하며 글자를 정확하게 읽고 바르게 쓸 수 있어요.

🌳 노래를 불러 보세요.

리 리 리 자로 끝나는 말은
개나리 너구리
병아리 잠자리
오리 한 마리

노랫말에 빨간색으로 색칠된 글자를
찾아 읽어 보세요. 리, 자, 로, 나, 너, 구,
아, 오, 마를 찾을 수 있어요.

노랫말에 있는 빨간색 글자를 표에서 찾아보고, 빈칸에 들어갈 알맞은 글자를 쓰고 읽어 보세요.

모음자 자음자	ㅏ	ㅑ	ㅓ	ㅕ	ㅗ	ㅛ	ㅜ	ㅠ	ㅡ	ㅣ
ㄱ	가	갸	거	겨	고	교	구	규	그	기
ㄴ	나	냐	너	녀	노	뇨	누	뉴	느	니
ㄷ	다	댜	더	뎌	도	됴	두	듀	드	디
ㄹ	라	랴	러	려	로	료	루	류	르	리
ㅁ	마	먀	머	며	모	묘	무	뮤	므	미
ㅂ	바	뱌	버		보	뵤	부	뷰	브	비
ㅅ	사	샤	서	셔	소	쇼	수	슈	스	
ㅇ	아	야	어	여	오	요	우	유	으	이
ㅈ	자	쟈	저	져	조	죠	주	쥬	즈	지
ㅊ	차	챠	처	쳐	초	쵸	추		츠	치
ㅋ	카	캬	커	켜	코	쿄	쿠	큐		키
ㅌ	타	탸		텨	토	툐	투	튜	트	티
ㅍ	파	퍄	퍼	펴		표	푸	퓨	프	피
ㅎ	하	햐	허	혀	호	효	후	휴	흐	히

요리에 들어가는 것이 무엇인지 보고 글자를 찾아 O표 해 보세요.

| 오이 | 토마토 | 소라 | 고추 |

| 두부 | 가지 | 파 | 우유 | 고사리 |

자신이 옆의 요리에 더 넣고 싶은 재료를 두 가지 골라 ○표를 하고 고른 재료의 이름을 써 보세요.

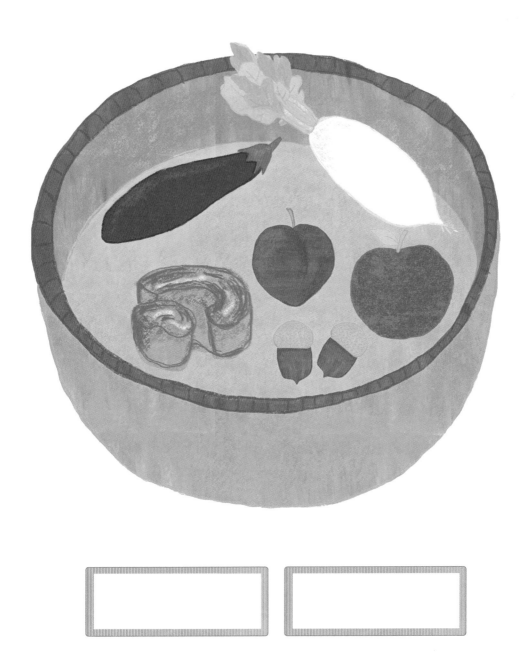

여러 가지 모음자 알기

 이렇게 배워요

여러 가지 모음자를 순서에 맞게 써 보는 연습을 해 보세요.

🌲 **여러 가지 모음자를 써 보세요.**

ㅒ	애	ㅒ	ㅒ	ㅒ	
ㅖ	에	ㅖ	ㅖ	ㅖ	
ㅚ	외	ㅚ	ㅚ	ㅚ	
ㅟ	위	ㅟ	ㅟ	ㅟ	
ㅘ	와	ㅘ	ㅘ	ㅘ	
ㅝ	워	ㅝ	ㅝ	ㅝ	
ㅙ	왜	ㅙ	ㅙ	ㅙ	

국어 활동

🌳 여러 가지 모음자의 이름을 찾아 선으로 이어 보세요.

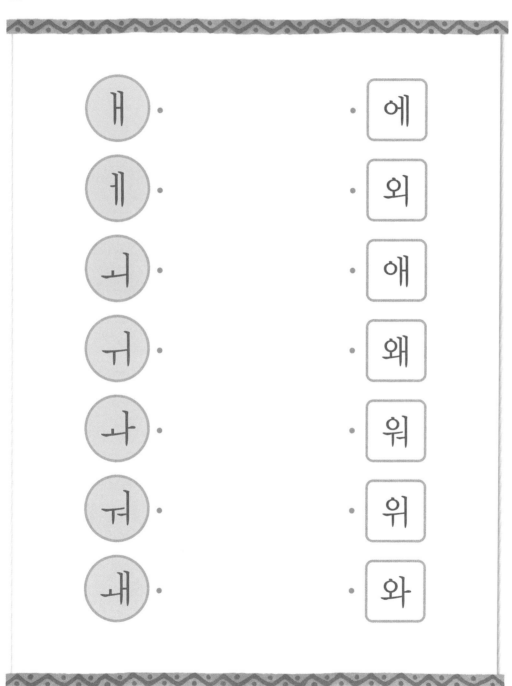

다음 낱말 모두에 똑같이 있는 모음자를 찾아서 써 보세요.

개미, 개구리, 개나리, 매미, 해바라기, 배, 모래

 찾았나요? 개미, 개구리, 개나리, 매미, 해바라기, 배, 모래에 모두 들어 있는 모음자는 바로 'ㅐ'입니다. 다음 문제는 친구들이 풀어보세요.

| 그네, 민들레, 애벌레, 메추라기 | ➡ | |

| 뇌, 회사, 괴물 | ➡ | |

| 쥐, 귀신, 다람쥐, 바위, 가위 | ➡ | |

| 과자, 사과, 과거 | ➡ | |

되돌아보기   코끼리가 만난 글자를 따라 써 보기

 이렇게 배워요

4단원에서는 글자의 짜임을 생각하며 낱말을 읽고 쓰는 것에 대해 배웠어요.
주변에서 볼 수 있는 물건이나 친한 사람들의 이름을 써 보세요.

코끼리가 만난 글자를 따라 써 보세요.

학습목표　알맞은 인사말을 해 보세요.

배울 거리　인사한 경험 떠올려 말하기

 이렇게 읽어요

아침에 자고 일어나면 부모님께 인사하고, 학교에서 친구들과 선생님을 만나면 우리는 인사를 해요. 인사한 경험을 떠올려 보세요.

 선생님과 함께 미리 보는 국어책

「안녕」 노래를 불러 보고 물음에 답하여 보세요.

안녕

우리 서로 학굣길에 만나면 만나면
웃는 얼굴 하고 인사 나눕시다 얘들아 안녕

하루 공부 마치고서 집으로 갈 때도
헤어지기 전에 인사 나눕시다 얘들아 안녕

초등학교 『음악 3』, 교육인적자원부, 2003.

◎ 언제 인사했나요?

◎ 어떤 인사말을 했나요?

◎ 어떤 표정으로 인사했나요?

노랫말을 잘 보면 학굣길에 만날 때, 그리고
집에 갈 때 헤어지기 전에 인사를 하고 웃는 얼굴로
"얘들아 안녕"이라고 인사하였어요.

배울 거리　알맞은 인사말 알기

이렇게 배워요

일상생활에서 인사를 해야 하는 경우, 가끔씩 어떤 인사를 해야 하는지 몰라서 인사를 하지 못하는 경우가 있지요? 인사를 해야 하는 다양한 상황을 담은 그림을 살펴보며 상황에 알맞은 다양한 인사말을 알아보세요.

언제 어떤 인사말을 하는지 알아보세요.

아침에 일어나면

라고 인사합니다.

아침 등굣길에 우리를
안전하게 지켜 주시는 분께

라고 인사합니다.

아침 등굣길에 만난 친구와

이라고 인사합니다.

학교에 가면 선생님께

라고 인사합니다.

급식을 받을 때는 배식하시는 분께

라고 인사합니다.

집에 돌아가면 부모님께

라고 인사합니다.

그림 속 어린이가 어떤 인사말을 해야 할지 찾아 선으로 연결하세요.

많이 먹었니?

다녀오겠습니다.

잘 다녀오렴.

잘 먹었습니다.

조심해서 가렴.

안녕히 주무세요.

잘 자렴.

안녕히 계세요.

알맞은 인사말을 써 보세요.

 상황에 따라 알맞은 인사말이 있어요. 부모님, 선생님, 친구들을 만나면 상황에 알맞게 인사말을 건네 보세요.

◎ 학교에 갈 준비를 해 보세요.

아침에 일어났어요.

안녕히 | 주 | 무 | 셨 | 어 | 요 | ? |

식탁에 앉았어요.

| 잘 | | 먹 | 겠 | 습 | 니 | 다 | . |
| | | | | | | | |

엄마, 아빠께 인사를 해요.

| 다 | 녀 | 오 | 겠 | 습 | 니 | 다 | . |
| | | | | | | | |

◎ 학교에서 만난 사람들과 인사해 보세요.

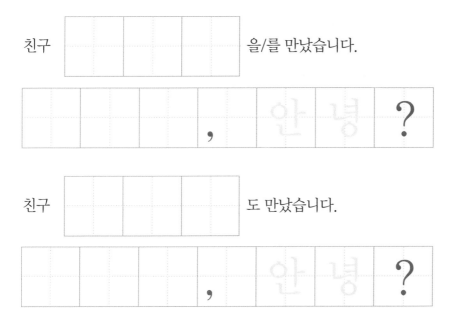

친구 [　　　　　] 을/를 만났습니다.

[　　　　, 　안 녕 ?]

친구 [　　　　] 도 만났습니다.

[　　　　, 　안 녕 ?]

선생님을 만났습니다.

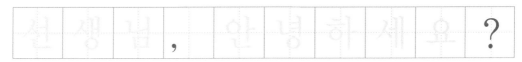

[선 생 님 , 　안 녕 하 세 요 ?]

우유를 마실 시간이 되었습니다. 선생님께서 우유를 나누어 주셨습니다.

[　　　　, 　고 맙 습 니 다 .]

집으로 돌아갑니다.

선생님, [안 녕 히 　계 세 요 .]

배울 거리   상황에 맞는 인사말 하기

⚙ 이렇게 배워요

친구가 그림 그리기 대회에서 상을 받았을 때 우리는 어떤 인사말을 건네야 할까요? 이때는 "축하해."라고 인사를 하는 거예요. 이처럼 상황에 따라 알맞은 인사말이 달라요. 상황에 알맞은 인사말을 알아볼까요?

🌳 인사말을 하는 상황을 알아보세요.

어떤 상황인가요?

입니다.

어떤 상황인가요?

입니다.

어떤 상황인가요?

입니다.

어떤 상황인가요?

입니다.

부모님께 선물을 받았을 때는 감사의 인사를 합니다.
친구의 발을 밟았을 때는 미안하다고 인사합니다.
할아버지의 생신에는 축하 인사를 합니다.
또 친구가 전학을 왔을 때는 반갑다는 인사를 합니다.

인사하기 놀이를 해 보세요.

친구와 헤어질 때

출발

친구와 만났을 때

몸이 아픈 친구를 찾아갔을 때

 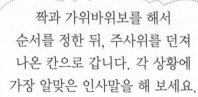

짝과 가위바위보를 해서
순서를 정한 뒤, 주사위를 던져
나온 칸으로 갑니다. 각 상황에
가장 알맞은 인사말을 해 보세요.

선물을 받았을 때

급식을 받을 때

어른을 만났을 때

잠자리에 들 때

생일 축하할 때

도착

배울 거리 바르게 인사하기

 알맞은 인사말을 찾아 선으로 이어 보세요.

축하할 때 •	• 고맙습니다.
고마운 마음을 나타낼 때 •	• 축하해.
이웃집 어른을 만났을 때 •	• 안녕하세요?
외출할 때 •	• 안녕, 내일 보자.
헤어질 때 •	• 다녀오겠습니다.

인사 놀이를 해 보세요.

놀이방법

❶ 두 명씩 짝이 되어 원을 만듭니다.

❷ 「안녕」 노래를 부르며 안쪽 원과 바깥쪽 원의 친구들이 서로 반대

방향으로 돕니다.

❸ 선생님께서 상황을 말씀하시면 멈추어 섭니다.

❹ 바깥쪽 원의 친구가 안쪽 원의 친구에게 바르게 인사합니다.

| 고마워! | 축하해! | 미안해! |

| 안녕? | 안녕하세요? |

인사를 주고받을 때
기분이 나빴던 경험이 있나요?

미안하다고 할 때 장난스럽게 말해서
기분이 나빴던 적이 있어요.

이웃집 아주머니를
만났을 때!

인사를 할 때에는 바른 자세와 마음가짐으로
상황에 맞는 인사말을 해야 합니다.

인사를 할 때 바른 마음가짐으로
인사를 해야 하는 까닭은 무엇일까요?
인사말은 상대에게 예의를 나타내기 위해
하는 말이기 때문이에요.

정리하기

되돌아보기 알맞은 인사말 찾아 색칠해 보기

 이렇게 배워요

5단원에서는 인사하는 상황에 맞는 바른 인사 방법을 배웠어요.

알맞은 인사말을 찾아서 색칠해 보세요.

고맙습니다.

미안해.

안녕히 주무셨어요?

입학을 축하해.

조심할게.

많이 아프지?

고마워.

빨리 나아서 함께 놀자.

아침에 일어났을 때 :빨간색

고마운 마음을 나타낼 때 :파란색

아픈 친구를 만났을 때 :노란색

학습 목표　받침이 있는 글자를 읽고 써 보세요.

배울 거리　글자를 정확하게 써야 하는 까닭 알기

이렇게 배워요

글자를 정확하게 쓰면 어떤 점이 좋을지 생각하며 읽어 보세요.

선생님과 함께 미리 보는 국어책

코끼리가 글자를 정확하게 썼는지 살펴보세요.

준비물이 뭐야?

손수건과 줄넘기야.

토끼가 말한 것과 그것을 듣고
종이에 받아 쓴 코끼리의 글자가 다르네요.

 생쥐 아저씨가 당황한 까닭을 생각해 보세요.

코끼리가 쓴 글자와 토끼가 말한 것을 비교하여 보세요.

코끼리	소수거	주너기
토끼	손수건	줄넘기

 코끼리가 쓴 글자와 토끼가 말한 것의 차이점을 정리해 보세요.

◎ 코끼리가 쓴 글자에는 [   ] 이 없어요.

◎ [   ] 가 쓴 글자는 정확하게 쓰지 않아서 무슨 뜻인지 모르겠어요.

코끼리는 글자를 정확하게 쓰지 않았어요.
그래서 생각을 정확하게 나타낼 수 없었어요.

 토끼가 말한 것을 정확하게 써 보세요.

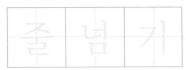

배울 거리　받침이 있는 글자의 짜임 알기

 이렇게 읽어요

우리가 사용하는 많은 글자에 받침이 더해져서 새로운 글자가 되었어요. 받침이 있는 글자를 만드는 방법을 생각하며, 받침이 있는 글자를 살펴보세요.

받침이 있는 글자의 자음자를 살펴보며 낱말을 읽어 보세요.

'숲, 집, 돌, 밭, 강' 이라는 글자는 어떤 자음자가 있고, 어떻게 만들어졌을지 알아
보세요.

받침이 있는 글자	사용된 자음자	만들어진 방법
숲	ㅅ, ㅍ	'수'에' ㅍ '을 붙여서 만들었다.
집	ㅈ, ㅂ	'지'에 'ㅂ'을 붙여서 만들었다.
돌	ㄷ, ㄹ	'도'에 'ㄹ'을 붙여서 만들었다.
밭	ㅂ, ㅌ	'바'에 'ㅌ'을 붙여서 만들었다.
강	ㄱ, ㅇ	'가'에 'ㅇ'을 붙여서 만들었다.

글자의 받침을 알아보세요.

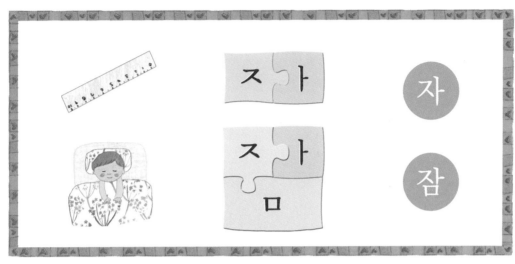

'자'를 '잠'으로 만들려면 '자' 밑에
받침 'ㅁ'을 붙이면 됩니다.

'코'를 '콩'으로 만들려면 '코' 밑에
받침 'ㅇ'을 붙이면 됩니다.

보기 에 있는 받침을 넣어 새로운 글자를 만들어 보세요.

보기 ㄱ ㄴ ㄹ

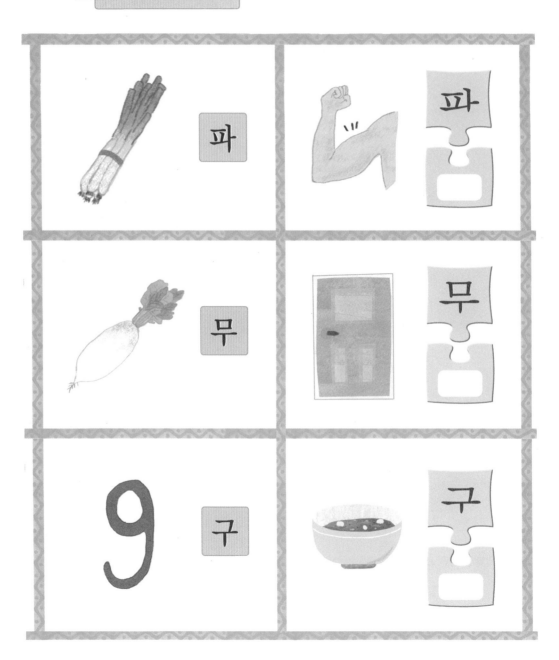

알맞은 받침을 써 보세요.

지

누

버

나

기

파

부

모

유

받침이 있는 글자를 만들어 보세요.

> '창' 밑에 붙은 'ㅇ'처럼 글자에서
> 아래쪽에 있는 자음자를 '받침'이라고 해요.
> 받침에는 여러 가지 자음자를 사용할 수 있어요.

◎ 다음 글자에 받침 'ㄱ' 붙이기

아	자	차	카	타	파	하
악						

◎ 다음 글자에 받침 'ㄴ' 붙이기

가	나	다	라	마	바	사
간						

◎ 다음 글자에 받침 'ㄹ' 붙이기

아	자	차	카	타	파	하
알						

◎ 다음 글자에 받침 'ㅂ' 붙이기

바	사	아	자	차	카	타
밥						

◎ 다음 글자에 받침 'ㅅ' 붙이기

나	마	사	아	자	차	하
낫						

◎ 다음 글자에 받침 'ㅇ' 붙이기

바	아	자	차	타	파	하
방						

◎ 다음 글자에 받침 'ㅈ' 붙이기

가	나	마	자	차
갖				

배울 거리　받침이 있는 글자 쓰기

 받침을 넣어 글자를 만들어 보세요.

 책, 화분, 책상, 칠판, 필통, 연필, 친구를
바르게 써 보세요.

채

화	부

채	사

그림에 어울리는 낱말을 완성해 보세요.

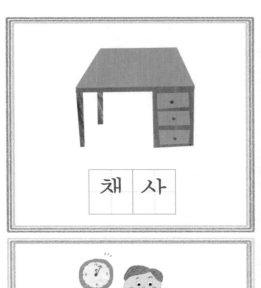

채	사

아	겨

저	시

우	도	자

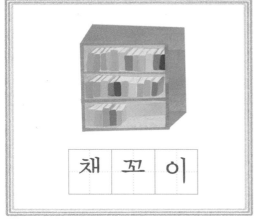

채	꼬	이

으	해

잘못 쓴 글자를 바르게 고쳐 써 보세요.

잔난감 ➡

비행기 ➡

저화기 ➡

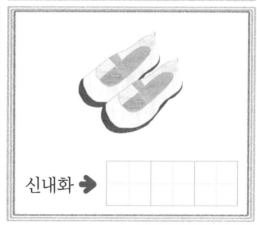

신내화 ➡

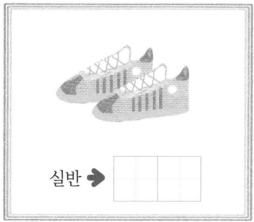

실반 ➡

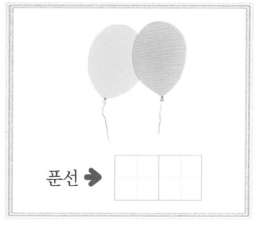

푼선 ➡

글자를 쓸 때 받침을 빠뜨리거나 정확하게
쓰지 않으면 전달하려는 뜻을 제대로 알릴 수 없어요.
받침을 바르게 쓰는 연습을 해 보세요.

 보기 에서 빨간색으로 쓴 글자의 위아래 받침을 바꾸어 말해 보세요.

보기 동룸원 ➔ 동물원

기닐 ➔

론고래 ➔

표멉 ➔

글자의 위쪽에 있는 자음자와 받침에 있는
자음자의 위치가 바뀌어 있네요. 빨간색 글자를
각각 '린, 돌, 범' 으로 바르게 고쳐 써야 해요.

되돌아보기 받침을 넣어 낱말을 만들고 소리 내어 읽기

이렇게 배워요

6단원에서는 받침이 있는 글자가 어떻게 만들어지는지 알아보고 받침이 있는 글자를 읽고 쓰는 것에 대해 배웠어요. 받침이 있는 글자의 짜임을 생각하며 여러 가지 글자의 받침을 알아보세요.

 보기 에 있는 받침을 넣어 낱말을 만들고, 소리 내어 읽어 보세요.

보기   ㄴ ㄹ ㅁ ㅇ

자			보		
도	무		르		
차			다	리	기
	치				리
농	구		여	소	

학습 목표   문장을 읽고 써 보세요.

배울 거리   문장에 어울리는 낱말 넣기

 이렇게 읽어요

하나의 낱말로 표현하는 것보다 문장으로 나타내면 생각을 더 정확하게 알릴 수 있어요. 문장을 만드는 연습을 해 보세요.

띄어쓰기에 맞게 문장을 천천히 정확하게 읽어 보세요.

곰이 마늘을 먹는다.

선생님과 함께 미리 보는 국어책

그림을 보고 알맞은 문장을 찾아 선으로 이어 보세요.

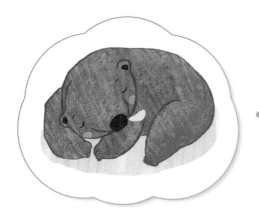

• 　 •　호랑이가 세수를 합니다.

• 　 •　곰이 잠을 잡니다.

• 　 •　지호가 책을 읽습니다

그림을 보고 내용을 말해 보세요.

 어디에서 누가 무엇을 하고 있는지
그림 속 상황을 파악해 보세요.

그림을 보고 낱말을 써 보세요.

시	

미			

◎ 친구들이 [　　　　　] 에서 놀아요.

◎ [　　　　　] 가 그네를 타요.

◎ [　　　　　] 가 미끄럼틀을 타요.

 주어진 문장 말고 다르게 쓸 수 있는 문장을 그림에서
찾아보세요. 토끼가 시소를 타요. 놀이터에 놀이 기구가 많아요,
동물이 놀이터에 많아요 등 문장을 많이 만들 수 있어요.

기본 학습

 배울 거리 그림을 보고 문장 만들기

 이렇게 읽어요

그림을 보며 그림에 나오는 인물은 누구이며, 어떤 일이 일어났는지 상상해 보세요. 그리고 그림에 알맞은 낱말을 골라 문장으로 표현해 보세요.

 그림을 보고 생각해 보세요.

지호는 누구누구를 만났는지, 콩쥐가 울고 있는 까닭은 무엇인지 생각하며 그림을 살펴보세요.

◎ 콩쥐가 울고 있는 까닭은 무엇인가요?

그림을 보고 보기 의 말을 사용해 문장을 완성해 보세요.

보기 두꺼비가 콩쥐가 도와줍니다 항아리가

울고 있습니다.

먼저 콩쥐가 울고 있는 그림을 보세요. "☐☐☐ 울고 있습니다."라는 문장을 만들기 위해서는 누가 울고 있는지 알아야 해요.

깨졌습니다.

"☐☐☐ 깨졌습니다."라는 문장을 만들기 위해서는 깨진 것이 무엇인지 확인해야 해요.

콩쥐를   .

그림을 보고 문장을 만들어 보세요.

보기　　구릅니다 씁니다 탑니다 흔듭니다

◎ 아버지는 모자를

◎ 나는 자전거를

◎ 어머니는 웃으며 손을

◎ 동생은 같이 가고 싶다고 발을

보기 에서 알맞은 문장을 골라 문장을 만들어 보세요.

보기　굴립니다　던집니다　찹니다　칩니다

◎ 공을 발로 ⬚⬚⬚⬚.

◎ 포수에게 공을 ⬚⬚⬚⬚⬚.

◎ 코끼리가 발로 공을 ⬚⬚⬚⬚⬚.

◎ 손바닥으로 공을 ⬚⬚⬚⬚.

 위의 문장 중 마음에 드는 것을 골라 그림을 그려 보세요.

배울 거리   문장으로 말하기

 이렇게 읽어요

그림을 보고 그 상황에 어울리는 문장을 생각해 말로 표현해 볼까요? 같은 그림 속에서도 여러 가지 문장을 만들 수 있어요.

🌳 그림의 내용을 문장으로 써 보세요.

 다람쥐가 토끼의 손을 잡고 이끌고 있고,
토끼가 다람쥐를 따라가네요.

 첫 번째 그림에서 다람쥐가 나무 위로 올라가서
사과를 땁니다. 토끼는 다람쥐를 쳐다봅니다.
두 번째 그림에서 다람쥐가 토끼에게 사과를 건네줍니다.
토끼는 사과를 받고 웃습니다.

문장을 만들어 보세요.

나는   친구들과 놀 때   기분이 좋습니다.

나는   책 읽기를   좋아합니다.

나는   물건을 아껴 쓰겠다고   약속합니다.

그림을 보고 바르게 표현한 문장을 찾아 ○표를 해 보세요.

수현이가 종이를 접습니다.

수현이가 종이를 오립니다.

수현이가 책을 폅니다.

수현이가 책을 덮습니다.

수현이가 꽃을 맡습니다.

수현이가 꽃향기를 맡습니다.

수현이가 친구의 손을 잡습니다.

수현이의 친구가 손을 잡습니다.

그림을 자세히 보며,
어떤 행동을 하고 있는지 살펴보세요.

배울 거리   문장을 쓰고 읽기

 이렇게 읽어요

그림의 상황에 알맞게 여러 가지 문장을 만들어 보세요.

그림에 맞게 선으로 잇고, 문장을 써 보세요.

토끼가 •	• 물을 •	• 마십니다.
사자가 •	• 밥을 •	• 찹니다.
악어가 •	• 이를 •	• 먹습니다.
기린이 •	• 공을 •	• 닦습니다.

◎ 선으로 연결한 문장을 써 보세요.

달팽이를 본 적이 있나요? 아니면
텔레비전이나 책에서 본 적이 있나요? 달팽이와 관련된
자신의 경험을 떠올리며 읽어 보세요.

달팽이 기르기

"아빠, 이게 뭐예요?"

"이건 달팽이란다."

아빠는 아빠 손바닥 위에 달팽이를 놓았어요.

"아빠, 달팽이가 꼼짝도 안 해요. 작은 돌멩이 같아요."

"달팽이가 놀라면 껍데기 속으로 숨는단다."

"아빠, 달팽이를 키워도 돼요?"

"그럼, 아빠가 예쁜 달팽이 집을 만들어 줄게."

아빠는 플라스틱 통으로 달팽이 집을 만들어 주셨어요.

나는 달팽이와 풀을 달팽이 집 속에 넣었어요.

달팽이가 움직이기 시작했어요.

여러 가지 방법으로 문장을 소리 내어 읽고
이야기의 느낌을 나누어 보세요.

◎ 달팽이는 놀라면 어떻게 하나요?

◎ 달팽이 집 속에 무엇을 넣었나요?

되돌아보기 그림에 어울리는 문장 만들기

 이렇게 읽어요

7단원에서는 문장을 쓰고 소리 내어 읽는 것에 대해 배웠어요. 사진이나 그림을 보며 떠오르는 일을 문장으로 쓰고 소리 내어 읽는 연습을 해 보세요.

보기 의 말을 사용해 그림에 어울리는 문장을 만들어 보세요.

보기
꽃잎에   강아지가   앉았습니다
굴립니다   나비가   공을

그림 속 강아지와 나비를 살펴보세요.
강아지가 공을 굴리고, 나비가 꽃잎에 앉았네요.

가족이 함께 찍은 사진을 붙이거나 가족의 얼굴을 그려 보세요. 사진이나 그림을 보고 문장을 만들어 보세요.

 바구니에 있는 말을 사용해 문장을 만들어 보세요.

학습 목표   문장 부호를 생각하며 글을 띄어 읽어 보세요.

배울 거리   띄어 읽으면 좋은 점 알기

이렇게 읽어요

우리말은 같은 문장이어도 어떻게 띄어 읽는지에 따라 뜻이 완전히 달라지는 경우가 많아요. 올바른 띄어쓰기에 대해 알아볼까요?

선생님과 함께 미리 보는 국어책

동물들이 어떻게 읽는지 살펴보세요.

띄어 읽기에 따라 뜻이 어떻게 달라지는지 알아보세요.

어서 들어가자.

어떤 뜻일까요?
밖에 비가 오니 어서 안으로 들어가자는 뜻입니다.

어서 들어가, 자.

어떤 뜻일까요?
어서 방에 들어가서 자라는 뜻입니다.

어서 들어. 가자!

어떤 뜻일까요?
어서 물건을 들고 가자는 뜻입니다.

다음 이야기의 빈칸에 들어갈 말을 보기 에서 찾아 써 보세요.

보기

> 어서 들어가자.
> 어서 들어가, 자.
> 어서 들어. 가자!

공 나르기 놀이를 하고 있었어요.
우리 차례가 왔어요.
주희가 보자기를 잡고 말했어요.

우리는 열심히 달렸어요.
우리 편이 이겼어요.

◎ 무엇을 하고 있었나요?

◎ 주희가 보자기를 잡고 무엇이라고 말했었나요?

◎ 주희가 한 말을 따라 읽어 보세요.

가장 어울리는 문장은 "어서 들어. 가자!"입니다.
주희가 공을 나르려면 먼저 보자기를 들어서 가야 하기 때문에
먼저 "들어."라는 말을 하고 "가자."라는 말을
띄어서 읽어야 하기 때문입니다.

 글을 띄어 읽으면 좋은 점을 알아볼까요?

❶ 글을 띄어 읽으면 뜻을 바르게 이해할 수 있습니다.

❷ 띄어 읽지 않으면 무슨 뜻인지 알기가 어렵습니다.

❸ 바르게 띄어 읽어야 글의 뜻을 쉽게 알 수 있습니다.

배울 거리 문장 부호 알기

이렇게 읽어요

물음표(?), 느낌표(!) 이런 부호를 본 적이 있지요? 문장에 사용하는 문장 부호 예요. 문장 부호를 알면 문장을 더 정확하게 읽고 뜻을 이해할 수 있어요. 문장 부호에 대해 자세히 알아볼까요?

선생님과 함께 재미있게 읽어 보는 이야기

호랑이 형님

나무꾼이 산에서 호랑이를 만났어요. 깜짝 놀란 나무꾼은 꾀를 내어 말했어요.

 형님, 여기 계셨군요!

 어찌 내가 네 형님이냐?

 형님은 호랑이 탈을 쓰고 태어나 산으로 보내졌대요.

 그게 정말이냐?

 네, 어머님은 형님이 그리워서 날마다 울고 계세요.

 그래? 내가 어머님께 큰 잘못을 했구나!

문장 부호에는 쉼표(,), 마침표(.),
물음표(?), 느낌표(!)가 있어요.

1과 2를 읽어 보세요.

1	2
형님, 여기 계셨군요!	형님, 여기 계셨군요.
어찌 내가 네 형님이냐?	어찌 내가 네 형님이냐.
큰 잘못을 저질렀구나!	큰 잘못을 저질렀구나.

1에는 느낌표(!), 물음표(?)를 썼고,
2에는 쓰지 않았어요.

 1과 2를 읽을 때 느낌이 어떻게 다른지 생각해 보세요.

1은 진짜 말하는 것처럼 실감 나지만
2는 실감 나지 않습니다.

문장은 생각을 나타내는
가장 작은 단위의 말이나 글을 말해요.

문장 부호에 대해 알아보세요.

모양	이름	쓰임	예
.	마침표	설명하는 문장 끝에 씁니다.	보내졌대요.
?	물음표	묻는 문장 끝에 씁니다.	정말이냐?
!	느낌표	느낌을 나타내는 문장 끝에 씁니다.	저질렀구나!
,	쉼표	문장 안에서 부르는 말이나 대답하는 말 뒤에 씁니다.	형님,

 문장 부호를 쓰는 방법을 알아보세요.

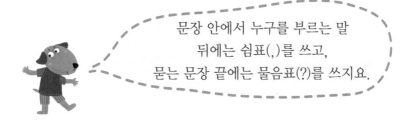

문장 안에서 누구를 부르는 말
뒤에는 쉼표(,)를 쓰고,
묻는 문장 끝에는 물음표(?)를 쓰지요.

배울 거리   문장 부호의 쓰임 알기

이렇게 읽어요

문장 부호를 찾아 쓰임에 맞게 소리 내어 읽어 보세요.

문장 부호에 주의하며 「호랑이 형님」을 계속해서 읽어 보세요.

나무꾼이 산길을 가고 있는데 호랑이가 또 나타났어요.

 아우야!

깜짝 놀란 나무꾼은 침착하게 대답했어요.

 형님, 여기 계셨군요.

 어머님은 잘 계시냐?

네, 형님께서 사냥해 주신 고기를 드시고 건강해지셨어요.

 잘되었구나.

나무꾼은 점심으로 싸 온 떡을 얼른 내밀며 말했어요.

 어머님께서 싸 주신 떡이에요. 따뜻할 때 빨리 드세요.

호랑이는 입을 쩍 벌리고 떡을 맛있게 먹었어요.

 어머님께 잘 먹었다고 꼭 전해 드려라.

호랑이는 다시 산으로 올라갔어요.

 알맞은 문장 부호를 써 보세요.

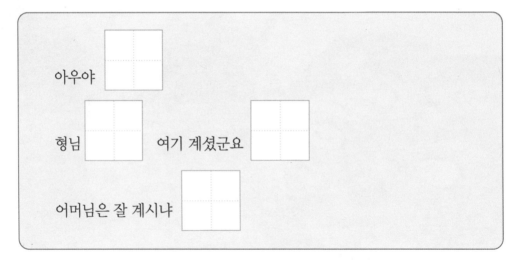

아우야 □

형님 □ 여기 계셨군요 □

어머님은 잘 계시냐 □

 글 속에서 문장 부호를 실제로 찾아보고,
소리 내어 읽어 보세요.
문장 부호에 익숙해질 수 있을 거예요.

「호랑이 형님」에 쓰인 여러 가지 자음자를 따라 써 보세요.

쌍기역	쌍디귿	쌍비읍	쌍시옷	쌍지읒
ㄲ	ㄸ	ㅃ	ㅆ	ㅉ

여러 가지 자음자 낱말을 살펴볼까요?
'ㄲ'이 들어간 낱말: 껌, 떡볶이, 뻐꾸기, 꼬치 등
'ㄸ'이 들어 있는 낱말: 메뚜기, 땅, 딸, 딱따구리 등
'ㅃ'이 들어 있는 낱말: 빨래, 식빵, 뻥튀기, 뽑기, 뿌리 등
'ㅆ'이 들어 있는 낱말: 쓰레기, 싸움, 쑥, 말썽 등
'ㅉ'이 들어 있는 낱말: 짝, 찜통, 진짜, 짝수 등

자음자와 이름을 선으로 이어 보세요.

쌍비읍

쌍기역

쌍시옷

쌍지읒

쌍디귿

글자를 만들어 보세요.

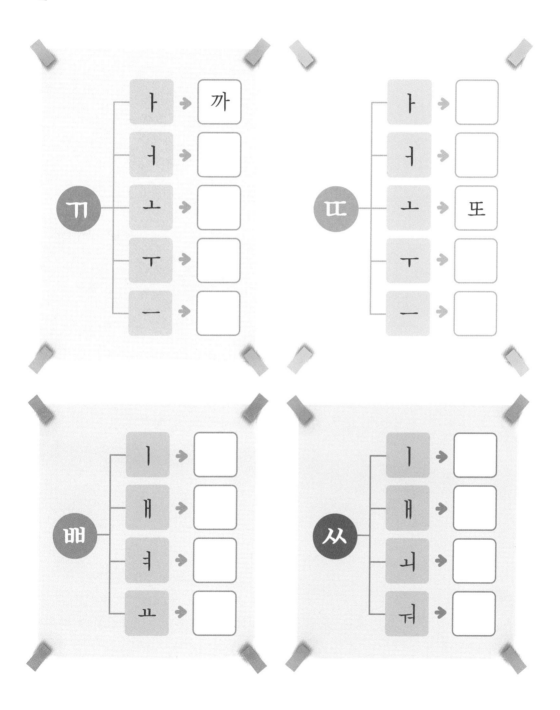

배울 거리   문장 부호에 맞게 띄어 읽는 방법 알기

 이렇게 읽어요

문장 부호를 생각하며 문장을 알맞게 띄어 읽어 보세요.

 선생님과 함께 미리 보는 국어책

문장 부호의 쓰임을 생각하며 「현수의 편지」를 읽어 보세요.

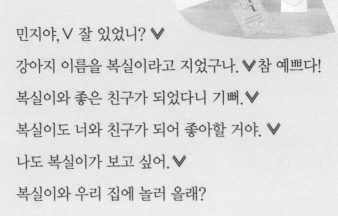

> 민지야, ∨ 잘 있었니? ∨
>
> 강아지 이름을 복실이라고 지었구나. ∨참 예쁘다!
>
> 복실이와 좋은 친구가 되었다니 기뻐. ∨
>
> 복실이도 너와 친구가 되어 좋아할 거야. ∨
>
> 나도 복실이가 보고 싶어. ∨
>
> 복실이와 우리 집에 놀러 올래?

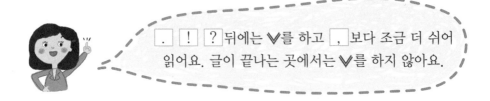

. ! ? 뒤에는 ∨를 하고 , 보다 조금 더 쉬어 읽어요. 글이 끝나는 곳에서는 ∨를 하지 않아요.

'이야기 읽기 극장'을 해 보세요.

'이야기 읽기 극장'은 네 개의 장면 가운데에서 한 장면을 골라 문장 부호에 맞게 띄어 읽기 연습을 하여 발표하는 놀이예요.

장면 1

어느 날, 샘이 많은 바람이 해를 찾아왔어요.

 이봐, 세상에서 누가 가장 힘이 센 줄 알아?

 누군데?

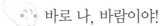 바로 나, 바람이야!

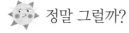 정말 그럴까?

그때 마침 한 나그네가 길을 가고 있었어요.

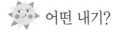 좋아, 그럼 우리, 내기해 볼까?

어떤 내기?

누가 먼저 저 나그네의 외투를 벗기는지 말이야.

좋아, 어디 한번 해 봐.

장면 3

바람은 나그네를 향해 힘껏 입김을 불었어요.

 후우우!

왜 이렇게 날씨가 추워졌지?

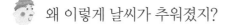 후우우우우! 훅! 후우우!

어휴, 추워! 옷을 좀 더 단단히 여며야겠군.

 헉, 헉! 어휴, 힘들어. 더 이상 못 하겠다.

장면 4

지쳐 버린 바람이 물러서자 해가 나섰어요.

 자, 이제 내가 하는 것을 잘 봐.

 어? 아까는 춥더니 이제는 또 더워지네.

 자, 좀 더 세게 비추어 볼까?

 어휴, 더 이상 못 참겠다. 외투를 벗어야지.

되돌아보기 문장 부호에 맞게 대화 읽기

이렇게 읽어요

8단원에서는 문장 부호를 알고 글을 알맞게 띄어 읽는 방법에 대해 배웠어요.
제시된 대화를 문장 부호에 맞게 실감 나게 읽어 보세요.

문장 부호에 맞게 다음 대화를 읽어 보세요.

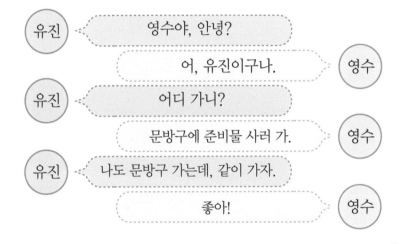

유진 〉 영수야, 안녕?

어, 유진이구나. 〈 영수

유진 〉 어디 가니?

문방구에 준비물 사러 가. 〈 영수

유진 〉 나도 문방구 가는데, 같이 가자.

좋아! 〈 영수

문장 부호에 따라 실감 나게 읽는 법

✿ 마침표가 있는 부분: 끝이 올라가거나 내려가지 않게 천천히 읽어요

✿ 물음표가 있는 부분: 궁금한 점이나 잘 모르는 점을 물어보는 것처럼 끝
을 올려 읽어요

✿ 느낌표가 있는 부분: 깜짝 놀라거나 몰랐던 사실을 알게 되었거나 어떤
생각을 하게 되었을 때처럼 느낌을 살려 읽어요

✿ 문장 부호 뒤에서 기계적으로 띄어 읽기만 하는 것보다는 문장 부호의 쓰
임을 생각하며 자연스럽게 읽는 연습도 함께 해야 해요.

학습 목표 겪은 일을 떠올려 그림일기를 써 보세요.

배울 거리 하루 동안에 일어난 일 말하기

이렇게 읽어요

아침에 잠에서 깨서 눈을 뜨면서부터 우리는 다양한 활동을 하며 하루를 보내요. 나의 일상적인 하루 일과를 떠올려 보세요.

선생님과 함께 미리 보는 국어책

어제 있었던 일을 떠올려 보세요.

아침에	비가 왔다.
학교 오는 길에	.
수업 시간에	.
점심시간에	.
저녁에	.

어제 있었던 일 가운데에서 가장 기억에 남는 일은 무엇인가요?

가장 기억에 남는 일을 찾아보아요.

✿ 어제 있었던 일을 순서대로 떠올려 보세요.

✿ 가장 좋았거나 나빴거나 특별한 일이 있었나요?

✿ 날마다 하는 일이 기억에 남으려면 어떤 것이 있으면 될까요?

✿ 특별한 일이 없는 날에는 '어떤 일을 했나'에 초점을 두지 말고 그 일을 '어떻게 했나'에 초점을 두세요.

배울 거리　그림일기 읽기

이렇게 읽어요

그림일기에 무엇이 들어가야 되는지 알아보세요.

선생님과 함께 미리 보는 국어책

그림일기를 살펴보세요

| 6월 30일 목요일 | 날씨: 해님이 웃는 날 |

	규	리		집	에	서		생	일	잔	치
를		했	다	.	통	닭	과		과	자	를
맛	있	게		먹	었	다	.	내		생	일
도		빨	리		왔	으	면		좋	겠	다

그림일기에 대해 알아보세요.

| 날짜와 날씨 | 날짜: ( )월 ( )일 ( )요일 |
| | 날씨: |

| | 생일잔치를 하는 모습 |

| | 생일잔치를 할 때 있었던 일 |
| | 있었던 일에 대한 생각이나 느낌 |

그림일기에는 일기를 쓴 날짜와
날씨, 그림, 글이 들어가요.

선생님과 함께 미리 보는 국어책

예준이의 그림일기를 읽어 보세요.

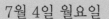

7월 4일 월요일			날씨: 해님과 구름이 만난 날

학	교	에	서		공		굴	리	기	
놀	이	를		했	다	.	공	을		세
번		굴	렸	는	데		깃	발	은	한
개	만		넘	어	졌	다	.	더		연	습
해	야	겠	다	.						

예준이의 그림일기의 내용을 알아보세요.

◎ 언제 쓴 일기인가요?

◎ 날씨는 어떠했나요?

◎ 어떤 모습을 그림으로 나타내었나요?

◎ 어떤 일이 있었나요?

◎ 예준이는 있었던 일에 대해 어떤 생각을 했나요?

 그림일기를 쓰면 좋은 점을 알아보세요.

그림일기를
쓰면
좋은 점

중요한 일을 기억할 수 있다.

소중한 느낌을 오래 간직할 수 있다.

배울 거리 그림일기를 쓰는 방법 알기

 이렇게 읽어요

그림일기에 쓸 내용을 정리해 보세요.

🌳 그림을 보고 서윤이가 한 일을 알아보고 정리해 보세요.

그림을 보면서
서윤이가 어떤 일을 했는지
정리해 보세요.

서윤이가 한 일을 말해 보세요.

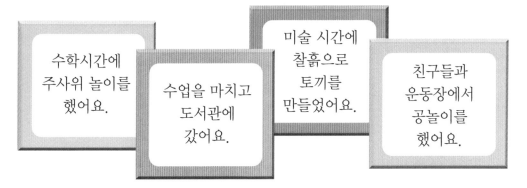

수학시간에
주사위 놀이를
했어요.

수업을 마치고
도서관에
갔어요.

미술 시간에
찰흙으로
토끼를
만들었어요.

친구들과
운동장에서
공놀이를
했어요.

 어떤 내용을 일기로 쓰면 좋을까요? ○, ✕로 표시해 보세요.

있었던 일을 모두 쓴다.	

가장 기억에 남는 한 가지 일에 대해 쓴다.	

 가장 기억에 남는 한 가지 일에 대해 그림을 그리고 일기를 써 보세요.

 그림 일기를 쓰는 방법을 말해 보세요.

날짜와 날씨	날짜, 요일, 날씨를 쓴다.
그림	가장 기억에 남는 장면을 그린다.
글	일어난 일을 사실대로 쓴다. 일에 대한 생각이나 느낌을 쓴다.

다음 그림일기를 보고 고칠 점을 말해 보세요.

7월 7일 목요일

	나	는		오	늘		아	침	에		일
어	나		밥	을		먹	고		학	교	에
가	서		공	부	를		했	다	.		그	리
고		집	에		와	서		숙	제	를
하	고		잤	다	.						

 빠뜨린 것은 없는지, 가장 기억에
남는 일을 쓴 것인지 살펴보세요.

 위 그림일기에서 고쳐야 할 점을 써 보세요.

느낌을 쓰는 방법을 생각하며 느낌을 써 보세요.

 오랜만에 삼촌이
우리 집에 오셔서 반가웠습니다.

 동물원에서 새끼 호랑이를 보니
귀여웠습니다.

 친구가 줄넘기를 참 잘했습니다. 나도 더
열심히 연습해야겠다고 생각했습니다.

 친구가 나를 놀렸습니다. _____

_____

 친구가 나를 놀렸다면, 나의 기분이나 마음은 어떠했을지
짐작하여 보고 자세히 정리해 보세요.

배울 거리　겪은 일을 그림일기로 쓰기

 이렇게 읽어요

가장 기억에 남는 일을 골라 가장 중요한 장면을 그림으로 표현하고 자세히
글로 표현하여 그림일기를 써 보세요.

아침, 낮, 저녁에 한 일을 정리해 보고 가장 기억에 남는 일을 골라 보세요.

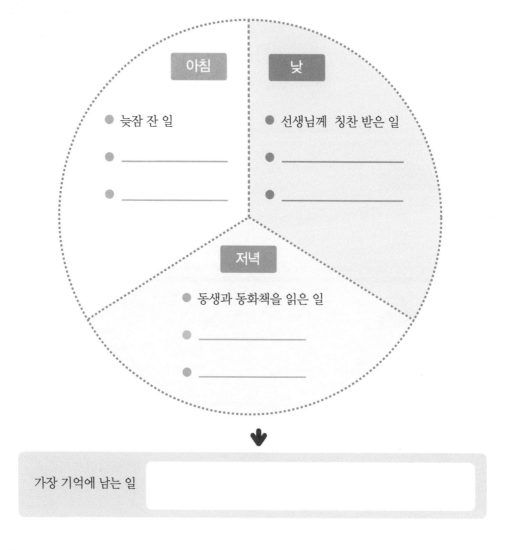

아침

● 늦잠 잔 일

● _____

● _____

낮

● 선생님께 칭찬 받은 일

● _____

● _____

저녁

● 동생과 동화책을 읽은 일

● _____

● _____

가장 기억에 남는 일

어떤 장면을 그릴지 정해 보세요.

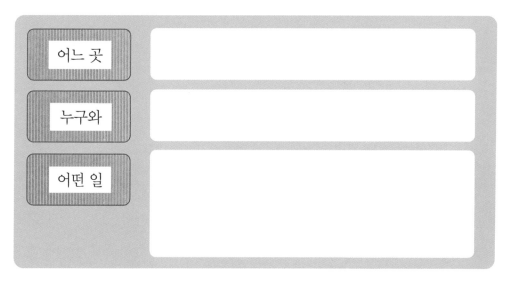

어느 곳	
누구와	
어떤 일	

 쓸 내용을 정해 보세요.

그림일기 내용 정하기

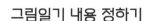

☀ 하루 동안 겪은 일 떠올리기   ☀ 기억에 남는 일 고르기

☀ 그릴 장면 정하기   ☀ 쓸 내용 정하기

앞에서 정리한 그림과 글을 바탕으로 그림일기를 써 보세요.

년 월 일 요일	날씨:

그림일기에서 잘된 점을 살펴보세요.

날짜, 요일,
날씨를 썼나요?

그림에 겪은 일이
드러났나요?

겪은 일이
드러나게 썼나요?

자신의
생각이나 느낌이
잘 드러났나요?

 그림일기를 바르게 고쳐 써 보세요.

년	월	일	요일	날씨:					

'그림일기 따라 하기 놀이'를 해 보세요.

놀이방법

❶ 서너 명이 한 모둠을 만듭니다.

❷ 모둠 안에서 친구들의 그림일기 가운데 하나를 고릅니다.

❸ 고른 그림일기에 나오는 사람의 역할을 나눕니다.

❹ 그림일기의 장면을 역할놀이로 발표합니다.

❺ 다른 모둠의 친구들은 무슨 장면인지 알아맞힙니다.

 친구들의 그림일기에서 잘된 점을 찾아보세요.

정리하기

되돌아보기 그림일기에 들어가는 것을 찾아 색칠하기

 이렇게 읽어요

9단원에서는 그림일기를 쓰는 방법을 알고 실제 그림일기 쓰기에 대해 배웠어요. 자신의 그림일기를 읽고 잘된 점과 고칠 점을 찾아보세요.

 그림일기에 들어가는 것에 색칠해 보세요.

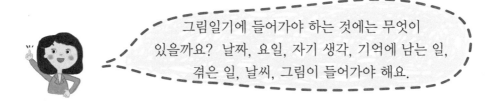

그림일기에 들어가야 하는 것에는 무엇이 있을까요? 날짜, 요일, 자기 생각, 기억에 남는 일, 겪은 일, 날씨, 그림이 들어가야 해요.

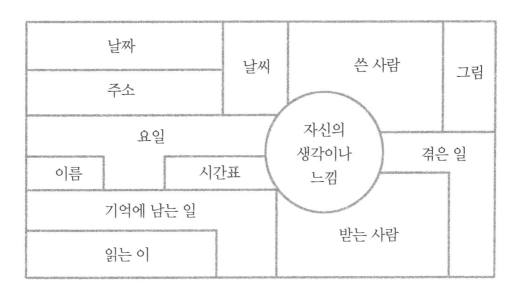

날짜
날씨
쓴 사람
그림
주소
요일
자신의 생각이나 느낌
겪은 일
이름
시간표
기억에 남는 일
받는 사람
읽는 이

 자신의 그림일기를 읽고 잘된 점과 고칠 점을 찾아보세요.

예시 답안

1. 바른 자세로 읽고 쓰기

17쪽

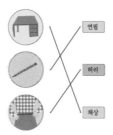

19쪽 2번 / 허리를 곧게 펴고, 다리를 가지런히 모으고 앉았습니다. 공책을 책상 위에 바르게 놓고 공책과 눈의 거리를 너무 가깝게 하지 않았습니다.

23쪽 4번

2. 재미있게 ㄱㄴㄷ

30쪽 ㄱ, ㄴ / ㄷ / ㅁ / ㅂ / ㅇ / 14개

33쪽

36쪽 ㄱ / ㄴ / ㄷ / ㄹ

37쪽 ㅂ / ㅅ / ㅊ / ㅍ

38쪽 ㄱ

46쪽

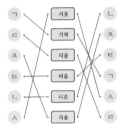

3. 다 함께 야야어여

50쪽 ㅏ, ㅑ, ㅓ, ㅕ, ㅗ, ㅛ, ㅜ, ㅠ, ㅡ, ㅣ / 10개

54쪽

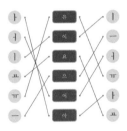

57쪽 1. 시장 2. 무, 파, 오이, 가지, 도라지, 고구마

58쪽 ㅏ / ㅜ / ㅗ, ㅣ

59쪽 ㅏ, ㅣ / ㅗ, ㅜ, ㅏ / ㅗ, ㅏ, ㅣ

65쪽

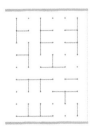

68쪽 ㅏ ㅓ ㅗ ㅡ ㅣ / '허허허'는 어른이 웃는 웃음소리 같고 '히히히'는 가벼운 느낌이 듭니다.

4. 글자를 만들어요

72쪽

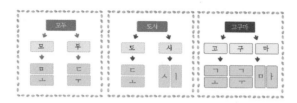

73쪽

77쪽 파란색 : ㅗ ㅛ ㅜ ㅠ ㅡ / 노란색 : ㅏ ㅑ ㅓ ㅕ ㅣ / 미소, 너구리

78쪽 자, 파 / 오, 코

79쪽 바, 버, 뵤, 부, 브 / 탸, 텨, 토, 투, 튜

81쪽 벼 / 시 / 츄 / 크 / 터 / 포

82쪽 오이, 토마토, 고추, 파, 두부

85쪽

86쪽 ㅔ / ㅚ / ㅟ / ㅘ

87쪽 돼지, 고구마, 사과, 사자, 오리, 다람쥐

5. 다정하게 인사해요

90쪽 "안녕히 주무셨어요? / "고맙습니다."/ "안녕?" / "선생님, 안녕하세요?" / "잘 먹겠습니다." / "학

교 다녀왔습니다."

92쪽

93쪽

96쪽 친구가 상을 받았을 때 / 보건 선생님께서 치료를 해 주셨을 때

97쪽 길에서 아는 어른을 만났을 때 / 아버지께서 집에 돌아오셨을 때

100쪽

103쪽 아침에 일어났을 때 : 안녕히 주무셨어요?

고마운 마음을 나타낼 때 : 고맙습니다. 고마워.

아픈 친구를 만났을 때 : 빨리 나아서 함께 놀자. 많이 아프지?

6. 받침이 있는 글자

7. 생각을 나타내요

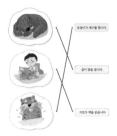

공부를 열심히 하겠다고 / 친구들과 친하게 지내겠다고

131쪽　수현이가 종이를 접습니다. ○

수현이가 책을 폅니다. ○

수현이가 꽃향기를 맡습니다. ○

수현이가 친구의 손을 잡습니다. ○

133쪽

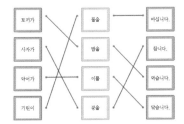

토끼가 밥을 먹습니다. / 사자가 공을 찹니다. / 악어가 이를 닦습니다. / 기린이 물을 마십니다.

135쪽　껍데기 속으로 숨습니다. / 달팽이와 풀을 넣었습니다.

136쪽　강아지가 공을 굴립니다. / 나비가 꽃잎에 앉았습니다.

137쪽　강아지가 꼬리를 흔듭니다. 나를 반가워합니다.

8. 소리 내어 또박또박 읽어요

141쪽　공 나르기 놀이 / "어서 들어, 가자!"

148쪽　! /, . / ?

150쪽

151쪽　꺼, 꼬, 꾸, 끄 / 따, 떠, 뚜, 뜨 / 삐, 빼, 뼈, 뽀 / 씨, 쌔, 쐬, 쒀

9. 그림일기를 써요

158쪽 선생님을 만났다. / 발표를 했다. / 맛있는 반찬을 먹었다. / 비가 그쳤다.

161쪽 6, 30, 목, 해님이 웃는 날 / 그림 / 글

163쪽 7월 4일 월요일에 쓴 일기입니다. / 해님과 구름이 만난 날입니다. / 공굴리기를 하는 모습입니다. /
공을 세 번 굴렸는데 깃발은 한 개만 넘어졌습니다. / 더 연습해야겠다고 생각했습니다.
어떤 일이 일어났는지 알 수 있다. / 일어난 일에 대해 깊이 생각할 수 있다.

165쪽 있었던 일을 모두 쓴다. × / 가장 기억에 남는 한 가지 일에 대해 쓴다. ○

166쪽 날씨가 빠져 있고, 그림이 내용과 맞지 않아요. 기억에 남는 일이 아니라 하루 일과를 모두 썼고,
한 일만 쓰고 자신의 생각을 쓰지 않았어요.

167쪽 나는 너무 화가 났습니다.

172쪽 날짜, 날씨, 요일, 그림, 자신의 생각이나 느낌, 겪은 일, 기억에 남는 일